Le chat

Le chat est un ami.
Affalé sur le lit, il rêve et murmure : Miaou !

Le chat a vu un animal. C'est un rat !
Le chat est à l'affût : il chasse le rat.

1 Entoure la bonne réponse.

• Qui est affalé sur le lit ?

• Que murmure l'animal ?

Miaou ! | Ouaf ! | Meuhh !

• Quel animal chasse-t-il ?

2 Coche Vrai ou Faux.

	Vrai	Faux
Le chat est un ami.		
Le rat chasse le chat.		
Le chat est un animal.		
Il est à l'affût : il chasse.		
Le rat est affalé sur le lit.		

3 **Remets** les mots dans l'ordre pour **écrire** une phrase de l'histoire.

- est – Le – le – sur – lit. – chat – affalé

- un – Le – vu – a – chat – rat.

4 **Colorie** la bonne réponse.

- Que fait le chat ?

Il se lèche.	Il râle.	Il se fâche.
Il est affalé.	Il remue.	

- Où est le chat ?

dans la rue	sur le lit	dans la forêt
à la rivière	dans le fossé	

5 Écris les mots qui se cachent derrière ces codes.

a	e	i	u	c	h	l	m	n	s	t
✱	♥	♣	▽	✖	♦	●	▲	♠	◗	❑

●♥   ✖♦✱❑   ✖♦✱◗◗♥   ▽♠   ✱♠♣▲✱●

__ __   __ __ __ __   __ __ __ __ __ __   __ __   __ __ __ __ __ __

Recopie la phrase.

6 Écris les mots dans la grille.

affût – animal – chasse – chat – rat – murmure – rêve

Mise en pages : Typo-Virgule. Photo haut : © A. Bacchella / Jacana / Gamma-Rapho. Photo bas : © GK et V. Hart / Getty Images. Illustrations : Gilles Poing.

Achevé d'imprimer en France par I.M.E.
Dépôt légal : 06/2011
Collection n° 39 - Édition n° 01
11/6562/0

Rififi au zoo

La nuit arrive dans le zoo. Le garde marche et vérifie que tout est calme. Toutes les bêtes dorment… La journée est finie : il retourne chez lui.

Mais la Lune est énorme cette nuit. Elle forme une jolie boule ! Elle rend les bêtes du zoo folles !

Le hibou hulule et les aras hurlent. Les souris courent dans tous les sens. Le panda ramasse un bout de bambou et tape partout. Les biches galopent et la mule donne des coups de sabots…

En pyjama, le garde sort de chez lui en courant… Mais quel est tout ce vacarme ?

1 Colorie la bonne réponse.

• Où se passe l'histoire ?

dans une forêt	dans un zoo	dans une école

• Quel est le titre de l'histoire ?

Rafafa au zoo	Rififi dans la forêt	Rififi au zoo

2 Entoure les personnages et les animaux de l'histoire.

Taoki	un garde	un lama	des souris
un panda	un lézard	des biches	un hibou
une mule	une panthère	une vache	des aras

3 **Numérote** les phrases dans l'ordre de l'histoire.

....	La Lune rend les bêtes folles.
....	Le garde marche et vérifie le zoo.
....	Le garde sort de chez lui en pyjama.
....	La nuit arrive dans le zoo.
....	Le garde retourne chez lui.

4 **Coche** la bonne case.

	Vrai	Faux
Le hibou hurle.		
Les souris marchent calmement.		
Les biches galopent.		
Les aras bavardent.		
La mule donne des coups de sabots.		

5 **Remets** les mots dans l'ordre pour **écrire** une phrase de l'histoire.

- tout – C'est – qui – le – s'anime. – zoo

- en – en – Le – pyjama – garde – courant. – arrive

6 Complète la grille de mots croisés.

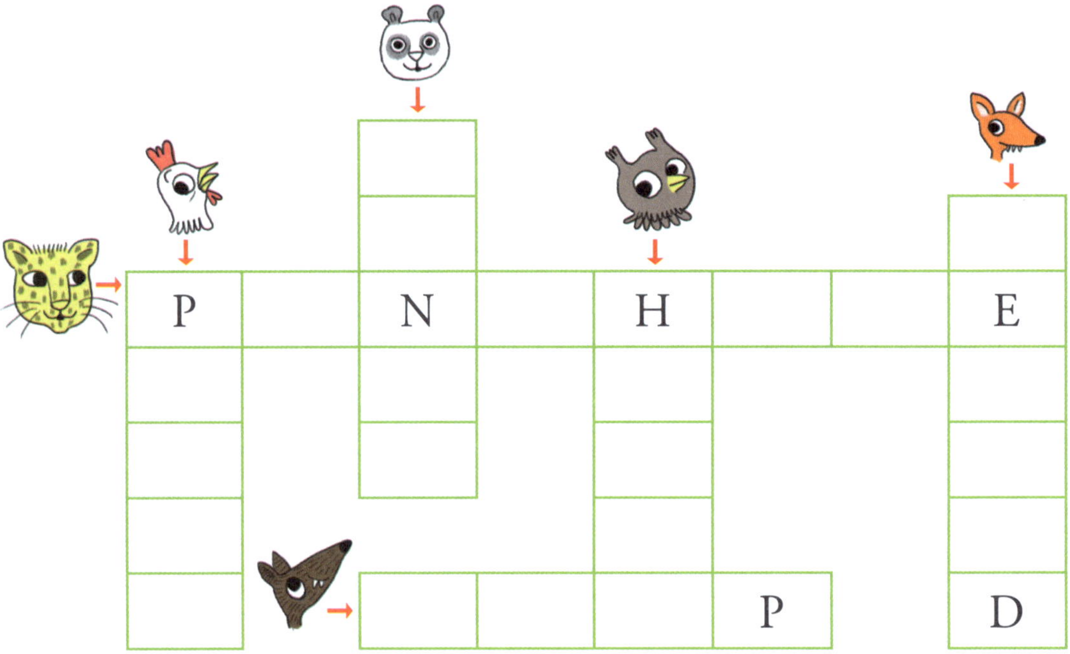

7 Écris une phrase pour décrire l'image.

Mise en pages : Typo-Virgule. Illustrations : Claire Frossard.

Tarte au chocolat

Ingrédients

une pâte sablée

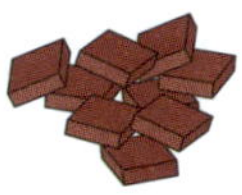
400 g de chocolat noir découpé en petits carrés

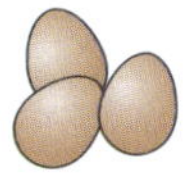
3 œufs

125 g de sucre en poudre

300 g de crème fraîche

1. Place la pâte dans un moule à tarte. La pâte doit cuire 15 minutes dans un four à 200 degrés.

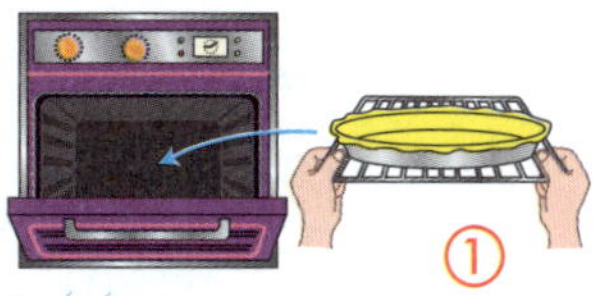

2. Fais chauffer la crème fraîche jusqu'à obtenir des bulles.

3. Bats les œufs et le sucre avec un fouet.

4. Ajoute-les à la crème fraîche en remuant au fouet.

5. Ajoute les petits carrés de chocolat et remue bien pour les aider à fondre.

6. Recouvre la pâte sablée.

7. Enfourne pour 20 minutes à 180 degrés.

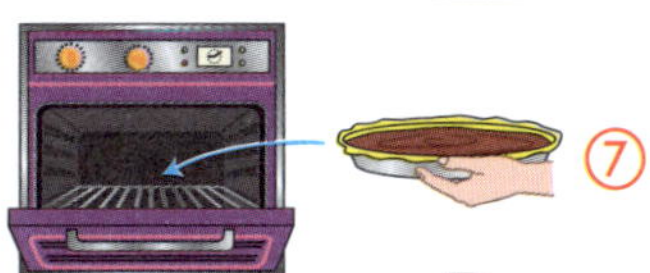

Bon appétit !

1 **Coche** la bonne réponse à chaque question.

- De quel type de texte s'agit-il ?
  - ☐ un poème
  - ☐ une recette de cuisine
  - ☐ une liste
  - ☐ une lettre
- De quel dessert s'agit-il ?
  - ☐ un gâteau au chocolat
  - ☐ une tarte à la crème
  - ☐ une tarte au chocolat
- De combien d'ingrédients a-t-on besoin ?
  - ☐ 3 ☐ 5 ☐ 7 ☐ 9
- Combien d'étapes sont nécessaires pour faire ce dessert ?
  - ☐ 6 ☐ 7 ☐ 8 ☐ 10

2 **Entoure** la bonne réponse.

• **une pâte :**	sablée	salée	carrée
• **du chocolat :**	blanc	noir	au lait
• **du sucre :**	en cubes	en poudre	roux

3 **Relie** chaque nombre à ce qui lui correspond dans la recette.

20 •	• grammes de chocolat
400 •	• grammes de crème fraîche
3 •	• œufs
125 •	• minutes
300 •	• grammes de sucre en poudre

Il était plusieurs fois une forêt

Il était une fois une forêt.
Dans cette forêt vivaient des arbres.
Parmi ces arbres vivaient des oiseaux avec des couronnes.
Un jour, ils virent arriver un autre oiseau.
Comme il n'avait pas de couronne, ils le mirent de côté.
Alors, l'oiseau, tout perdu, repartit dans son arbre
pour chercher sa couronne…
Quand il revint avec la couronne, il passa inaperçu.
Il pouvait maintenant aller et venir à sa guise.

Il était plusieurs fois une forêt, Élisa Géhin, Éditions Thierry Magnier.

1 **Coche** la bonne réponse.

- Le titre de l'album :

☐ Il est plusieurs fois dans une forêt

☐ Il était plusieurs fois dans un pré

☐ Il était plusieurs fois une forêt

☐ Il était plusieurs pois dans une forêt

- L'auteur de l'histoire :

☐ Élise Géhin ☐ Élisabeth Géhin ☐ Élisa Géhan ☐ Élisa Géhin

- Les oiseaux portent :

☐ des épées ☐ des diadèmes ☐ des bagues ☐ des couronnes

2 **Colorie** de la même couleur les phrases de même sens.

Les oiseaux s'écartent de lui.	Les oiseaux ne le remarquent plus.
L'oiseau va où il veut.	Les oiseaux le mettent de côté.
L'oiseau passe inaperçu.	Il peut aller et venir à sa guise.

L'énorme crocodile

Au milieu de la plus grande, la plus noire, la plus boueuse rivière d'Afrique, deux crocodiles se prélassaient à fleur d'eau.
L'un des crocodiles était énorme.
L'autre n'était pas si gros.
« Sais-tu ce que j'aimerais pour mon déjeuner aujourd'hui ? demanda l'énorme crocodile.
– Non, dit le Pas-Si-Gros, quoi ? »
L'énorme crocodile s'esclaffa, découvrant des centaines de dents blanches et pointues.
« Pour mon déjeuner aujourd'hui, j'aimerais un joli petit garçon bien juteux.
– Je ne mange jamais d'enfants, dit Pas-Si-Gros. Seulement du poisson.
– Oh oh oh, s'écria l'énorme crocodile, je suis prêt à parier que si tu voyais à ce moment précis un petit garçon dodu et bien juteux barboter dans l'eau, tu n'en ferais qu'une bouchée.
– Certes pas, répondit le Pas-Si-Gros, les enfants sont trop coriaces et élastiques ; ils sont coriaces, élastiques, écœurants et trop amers.

1 Coche ce qui correspond à chaque personnage.

	L'énorme crocodile	Pas-Si-Gros
Ses dents sont blanches et pointues.		
Il aime le poisson.		
Il préfère manger des enfants.		
Les enfants ne lui font pas envie.		
Ils se prélassent dans la rivière.		
C'est le plus gros des deux crocodiles.		

2 Complète la grille.

Tu trouveras un mot mystère dans les cases grises.

1. Dans la rivière, elle est noire et boueuse.
2. Pas-Si-Gros n'en mange jamais.
3. L'énorme crocodile en veut un, dodu et bien juteux.
4. Ces deux animaux se prélassent dans la rivière.
5. Pas-Si-Gros trouve que les enfants sont coriaces et …
6. Les dents blanches de l'énorme crocodile sont ainsi.
7. Le goût des enfants d'après Pas-Si-Gros.

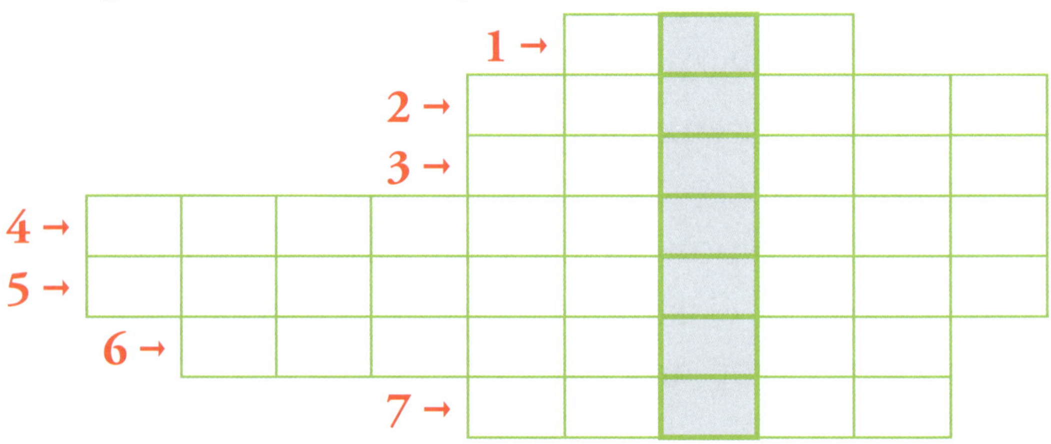

Mot mystère : ....

Cache-cachalot

– Et si on jouait à cache-cache ? suggère le poisson-clown.
– Pourquoi pas, répond Tikalou du bout des lèvres.
Tikalou est une demoiselle cachalot. Elle n'aime pas ce jeu : elle est toujours perdante. Mais elle a trop envie de faire partie de la bande de copains pour dire non.
Elle a pourtant tout essayé : se dissimuler derrière les algues ? Cela marche peut-être pour l'étoile de mer… pas du tout pour elle !
Se cacher sous les rochers comme l'oursin piquant ou la murène agile ? Elle a juste réussi à se coincer une nageoire !
Tikalou a imaginé imiter le poisson-trompette ou l'hippocampe. Ils changent de couleur pour se camoufler, elle n'y parvient pas ! […]
S'enfoncer dans le sable ? C'est parfait pour les crabes, crevettes et coquillages… mais c'est impossible pour elle…
Même le vieux cargo, englouti lors d'un violent cyclone, laisse dépasser un bout ou l'autre de son corps.
C'est désespérant !
– Ce n'est vraiment pas juste, bougonne Tikalou.

Nicole Snitselaar et Coralie Saudo, *Cache-cachalot*, Éditions Epsilon jeunesse, La Réunion.

1 **Colorie** les bonnes réponses.

- Le titre du livre est :

Cache-cache	Cachalot-caché	Cache-cachalot

- Le nom du cachalot est :

Tikaré	Tikalou	Toukali

2 **Entoure** les noms des animaux cités dans l'histoire.

le poisson-clown	le requin	le thon
l'étoile de mer	le dauphin	la méduse
le bernard-l'ermite	la raie	l'oursin
l'hippocampe	l'orque	le cachalot

3 **Barre** les mots dans la grille. Ils peuvent être écrits à l'horizontale ou à la verticale.

algue – anémone – cachalot – crabe – crevette – dauphin – hippocampe – oursin – pieuvre – poisson – requin

c	a	c	h	a	l	o	t	w	c	r	a	b	e
s	q	r	a	a	l	g	u	e	f	x	n	a	p
z	g	h	o	d	a	u	p	h	i	n	é	b	i
r	e	q	u	i	n	m	b	d	i	g	m	c	e
a	g	k	r	m	y	v	w	u	p	b	o	m	u
p	o	i	s	s	o	n	a	t	s	e	n	p	v
j	f	h	i	p	p	o	c	a	m	p	e	l	r
i	r	o	n	a	c	r	e	v	e	t	t	e	e

Les tournois du Moyen Âge

Au Moyen Âge, le seigneur d'un château organisait parfois une grande fête. Un tournoi se déroulait alors entre les chevaliers les plus courageux de la région. Ils arrivaient de toute la contrée avec leurs armoiries sur les boucliers et montaient de robustes chevaux appelés destriers.

Lors de la joute, deux chevaliers fonçaient l'un vers l'autre sur une piste étroite. Le but du jeu : faire tomber l'adversaire avec sa lance ! Les blessures étaient nombreuses ! Le vainqueur du tournoi était celui qui réussissait à rester à cheval. Applaudi par la foule, il recevait un prix.

1 **Colorie** ce que tu vois dans le document.

une carte	une illustration	un gros titre
des sous-titres	un texte	des légendes

2 **Entoure** la bonne réponse.

- Ce texte est une bande dessinée / un roman / un documentaire sur les chevaux. / chevaliers. / châteaux.

- Les chevaliers vivaient au Moyen Âge. / à la Préhistoire. / en 2010.

3 **Coche** Vrai ou Faux.

	Vrai	Faux
Les tournois se déroulaient au château.		
Ce sont des jeux pour amuser les chevaliers.		
Le chevalier a un bouclier et une planche.		
Le vainqueur est celui qui a tué son adversaire.		

8

Frisson l'écureuil

Frisson l'écureuil ne quitte jamais son arbre. Il y est bien. En sécurité ! L'inconnu, c'est beaucoup trop risqué quand on est un écureuil trouillard. Exemples de choses qui font peur : les araignées, les orties, les extraterrestres, les abeilles tueuses, les microbes, les requins. Alors, il préfère de loin rester dans son arbre douillet !

Les avantages à toujours rester dans son arbre sont :

– une jolie vue ;

– des noisettes à volonté ;

– un endroit sûr ;

– pas d'araignées, d'orties, d'extraterrestres, d'abeilles tueuses, de microbes, de requins.

Les inconvénients à ne jamais quitter son arbre sont :

– toujours la même vue ;

– toujours les mêmes noisettes ;

– toujours le mêmc endroit.

Dans la vie de Frisson l'écureuil, chaque jour ressemble au précédent. Tout est prévu, tout est sous contrôle.

Mélanie Watt, *Frisson l'écureuil*, Bayard Jeunesse, 2006.

1 **Entoure** la bonne réponse.

- Ce texte est
  - une bande dessinée.
  - un roman.
  - un documentaire.
- Le héros de cette histoire est
  - un écureuil.
  - un renard.
  - un panda.
- Il s'appelle
  - Frissou.
  - Frisson.
  - Frison.
- Il vit dans
  - une cabane.
  - une grotte.
  - un arbre.
- Frisson est
  - triste.
  - trouillard.
  - courageux.

2 **Cite** 4 choses dont Frisson a peur.

3 **Colorie** les avantages à ne pas quitter son arbre.

Il y a toujours des noisettes.		Les branches sont confortables.
Il n'y a pas de microbes.	Il n'y a pas de requins.	Les araignées ne montent pas.
Il ne pleut jamais.	La vue est belle.	Des amis viennent le voir.

4 **Réponds** à ces questions par une phrase.

- Pourquoi Frisson ne quitte-t-il jamais son arbre ?

- Pourquoi chaque jour ressemble-t-il au précédent pour Frisson ?

5 **Complète** la grille à l'aide des définitions.
Tu découvriras le nom d'une qualité que Frisson n'a pas.

1. Frisson est l'un de ces petits rongeurs.
2. Le nom du héros de l'histoire.
3. Ce qui est beaucoup trop risqué pour Frisson.
4. Le lieu où vit Frisson et qu'il ne quitte jamais.
5. Un insecte « tueur » qui fait peur à Frisson.
6. Un animal à 8 pattes qui fait peur à Frisson.
7. Le repas préféré de Frisson.

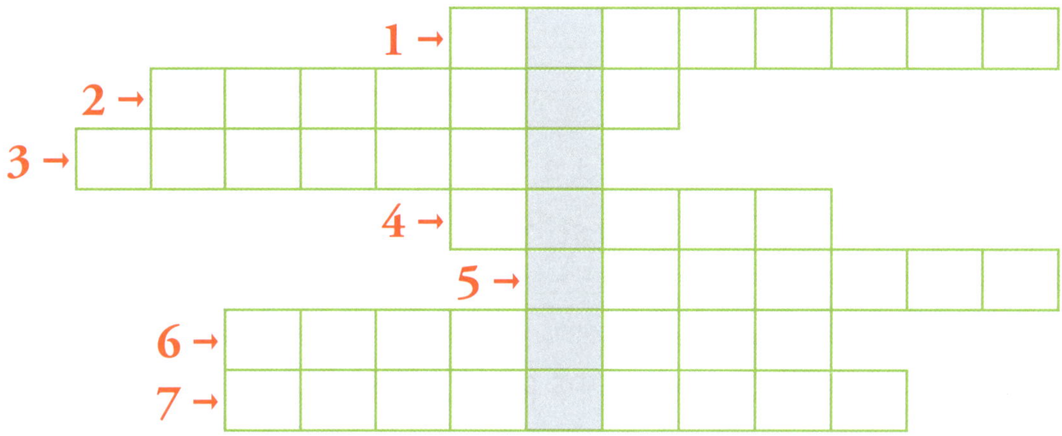

Le mot mystère : le ....

6 Un matin, un petit oiseau vient se poser dans l'arbre de Frisson. **Raconte** : Que se disent-ils ? Comment Frisson réagit-il ?

Mise en pages : Typo-Virgule. Illustration : Claire Frossard.

4 **Colorie** les étiquettes qui permettent au chevalier de compléter son équipement.

la lance

l'armure

le bouclier

le chapeau

le heaume

les lunettes

5 **Décris** ce bouclier.

6 **Colorie** le bouclier de ce chevalier en t'aidant du texte.

La lame de l'épée est de couleur grise.
Le fond sur lequel se trouve la chèvre est de couleur jaune.
La bande du haut est bleue, celle du milieu est verte et celle du bas est violette.

7 Devinettes.

- Je suis les dessins sur le bouclier d'un chevalier.
  Je suis ______________________________ .
- Je suis le robuste cheval d'un chevalier.
  Je suis ______________________________ .
- Je suis l'autre nom d'un tournoi.
  Je suis ______________________________ .
- Je suis celui qui organisait les tournois.
  Je suis ______________________________ .

Mise en pages : Typo-Virgule. Photos : © AKG-Images. Illustrations : Gilles Poing.

4 Relie chaque animal à sa manière de jouer à cache-cache.

L'étoile de mer •	• change de couleur pour se camoufler.
La murène •	• se dissimule derrière les algues.
La crevette •	• s'enfonce dans le sable.
Le poisson-trompette •	• se cache sous les rochers.

5 Réponds aux questions par une phrase.

• À quoi veut jouer le poisson-clown ?

• Qui veut jouer à cache-cache pour faire partie de la bande de copains ?

6 Complète la carte d'identité de l'héroïne de l'histoire.

• Son prénom : ....

• Son espèce : ....

• Son sexe : féminin masculin

• Son âge : adulte enfant

• 2 de ses amis : ....

....

7 **Barre** tout ce qui n'est pas dans l'histoire.

8 Et toi, où te caches-tu quand tu joues à cache-cache ?
Écris un texte. Tu peux t'aider des mots proposés.

• dans la cour de récréation :

sous un banc – derrière un arbre – dans un coin de porte…

• chez toi :

dans l'armoire – sous le lit – derrière les rideaux…

Mise en pages : Typo-Virgule. Illustrations : Béatrice Duroure.

3 **Colorie** en vert les mots du texte qui décrivent la rivière.

grande	chaude	boueuse	d'Amérique
claire	noire	d'Afrique	trouble

4 **Relie** chaque mot à sa définition.

se prélasser •	• au ras de l'eau
amer •	• qui est plein de jus
écœurant •	• qui n'est ni salé, ni sucré, ni acide
à fleur d'eau •	• dur
coriace •	• qui donne envie de vomir
juteux •	• se reposer

5 **Complète** le texte avec les mots suivants.

énorme – enfants – rivière – déjeuner – poisson

Deux crocodiles se prélassent dans une ______________ boueuse d'Afrique. L'un des crocodiles est ______________, l'autre pas si gros.

L'énorme crocodile aimerait un joli garçon bien juteux pour son ______________. Pas-Si-Gros ne mange que du ______________. Il trouve les ______________ trop coriaces, élastiques, écœurants et amers.

6 **Coche** Vrai ou Faux.

	Vrai	Faux
Les crocodiles vivent en Afrique.		
Ils sont trois.		
Ils sont allongés au bord de la rivière.		
Ils discutent de leur repas.		
Des enfants jouent près des crocodiles.		
Pas-Si-Gros adore le poisson.		
Les crocodiles sont d'accord sur leurs plats favoris.		

7 **Écris** sous chaque aliment le ou les mots qui peuvent le décrire : *collant – salé – épicé – dur – mou – coriace – amer – sucré – piquant – acide – gluant – juteux.*

du poulet   du citron   du caramel

8 **Choisis** un plat que tu n'aimes pas. **Décris**-le et **explique** pourquoi tu n'en manges pas. Tu peux t'aider des mots suivants : *caoutchouteux – salé – épicé – dur – mou – coriace – amer – sucré – piquant – acide – gluant – granuleux…*

Mise en pages : Typo-Virgule. Illustration : Benoît Perroud.

3 **Numérote** ces phrases dans l'ordre de l'histoire.

....	Dans cette forêt vivaient des oiseaux avec des couronnes.
....	Les oiseaux s'écartaient de lui.
1	Il était une fois une forêt.
....	L'oiseau repartit pour chercher sa couronne…
....	Avec une couronne, il pouvait aller où il voulait.
....	Un jour, ils virent arriver un oiseau sans couronne.

4 **Réponds** à ces questions par une phrase.

• Que portent tous les oiseaux ?

• Pourquoi les oiseaux s'écartent-ils de l'autre oiseau ?

5 **Barre** les personnages qui ne sont pas dans l'histoire.

6 **Relie** chaque devinette à l'animal de la forêt qui lui correspond.

Je suis roux et rusé. •	• un serpent
Je n'ai pas de pattes. •	• un renard
Je me roule en boule quand j'ai peur. •	• un lapin
J'ai deux grandes oreilles. •	• un hibou
J'ai des plumes et je chasse la nuit. •	• un hérisson

7 **Invente** une devinette pour ces animaux.

- un ours

- une fourmi

- un loup

Mise en pages : Typo-Virgule. Illustrations : Anne-Sophie Lanquetin.

4 De quoi parle-t-on ? **Écris** les mots qui correspondent à ces phrases.

- Elle doit cuire pendant 15 minutes. la ____________________
- Elle doit chauffer et faire des bulles. la ____________________
- On le fait fondre. le ____________________

5 **Entoure** les ustensiles dont tu as besoin pour réaliser la recette.

6 **Trouve** dans la grille 6 ingrédients nécessaires à la réalisation d'un gâteau.

f	a	r	i	n	e	t
r	a	d	i	s	t	o
z	s	s	e	l	a	e
t	o	u	r	e	r	u
i	d	c	i	a	t	f
a	a	r	z	u	e	s
l	b	e	u	r	r	e

1. .... 2. .... 3. ....

4. .... 5. .... 6. ....

7 Au restaurant, chaque enfant a commandé une crêpe et une boisson. **Écris** leur commande.

Sara

Tom

Zoé

• Sara a commandé ....

• Tom a commandé ....

• Zoé a commandé ....

Mise en pages : Typo-Virgule. Illustrations : Gilles Poing.